Olaf R. Spittel

Inside

Olaf R. Spittel

Inside

Humoristisch-medizinische
Sach-Geschichten

VERLAG 28 EICHEN
BARNSTORF

Wissenschaftliche Fachberatung:
Dr. med. Bärbel Spittel

Die Deutsche Bibliothek verzeichnet diese Publikation in der Deutschen Nationalbibliographie. Detaillierte bibliographische Daten sind im Internet über http://dnb.ddb.de abrufbar

ISBN 978-3-940597-37-3

Das Fotomotiv zeigt ein Detail aus dem Kreuzgang des Doms zu Brixen

Herstellung: Books on Demand GmbH, Norderstedt

Inhalt

1. Die Alkohol-Story

Alarm im Labor
Sabotage im Hochsicherheitstrakt?
Das teuerste Forschungsprogramm der Erde

Grell jaulten die Alarmsirenen im Labor auf. Rotlicht durchflackerte den Raum. Gellende Rufe nach diversen Abteilungschefs rissen Dutzende Männer und Frauen in weißen Kitteln aus ihrer eher stillen Arbeit an Überwachungsgeräten, Subatomar-Mikroskopen und Seziertischen. Nun schon zum wiederholten Male wich der zur Gewohnheit gewordene flüsternde Tonfall im „Human Science Center“ hektischer Betriebsamkeit, Geschrei und dem dumpf alles durchdringenden Geräusch sich automatisch abriegelnder Schotten zur Außenwelt.

Zwei Minuten später konnte Entwarnung für das alarmierte Wachpersonal gegeben werden; es handelte sich um ein biologisches Problem, nicht um einen Sicherheitsalarm. Aus unerfindlichen Gründen waren beide Alarmsysteme miteinander gekoppelt.

Während die gepanzerten Einheiten sich wieder in ihre Stellungen rings um das HSC zurückfuhren und die Luftabwehrgeschosse in tiefen Silos verschwanden, war für das wissenschaftliche Personal Alpha-Alarm gegeben worden.

Nach einer kurzen Debatte der Abteilungsleiter war der durch den Computer ausgelöste Alarm bestätigt, ja sogar noch um die eine entscheidende Stufe heraufgesetzt worden. Die Existenz des gesamten Projektes stand auf dem Spiel.

Nie zuvor waren derart unverständliche Daten auf den Schirmen des Rechnernetzes erschienen. Wollte man der ersten Computeranalyse glauben, stand der Exitus bevor.

Das „Human Science Center“ trug seinen Namen nur in einem sehr übertragenen Sinne mit Berechtigung. Zwar diente es tatsächlich der Erforschung sämtlicher menschlicher Lebensfunktionen, vor allem dem komplexen Zusammenwirken innerhalb eines Organismus – doch das Ziel aller Anstrengungen, die dem Steuerzahler mehr Geld abverlangte, als auch nur irgendjemand von der Regierung diesem zu sagen den Mut fand, war mitnichten menschlich. Das heißt – hier hing alles von der Definition menschlichen Lebens ab. Jedenfalls war das, was da im zentralen Cleen Room des Instituts lag in allen Details ein Mensch, biologisch zumindest. Doch jener Prototyp war bis hinein in die kleinste Körperzelle synthetischen Ursprungs, ein perfektes Modell des Menschen – bis auf die Tatsache, daß er nicht den leisesten Funken eines Selbstbewußtseins besaß.

Die Experten waren sich nicht einig, ob dieses letzte fehlende Charakteristikum nicht den Wert des ganzen Experimentes verfälschte, und einige forderten vehement, den Prototyp auch mit einem vollwertigen menschlichen Bewußtseinsinhalt auszustatten. Doch letztlich wollte niemand diese letzte Entscheidung treffen, wohl wissend, daß ein denkendes und sprechendes Versuchskaninchen wohl niemand mehr würde sezieren wollen.

Der letzte Zweck des Milliardenaufwandes (es geht hier um den Finanzbedarf jeweils einer Woche) war wahrscheinlich nur fünf Menschen überhaupt bekannt, und der lag mitnichten im friedlichen Studium menschlicher Lebensvorgänge unter extremen Umweltbedingungen, sondern in einer völlig neuartigen militärischen strategischen Langzeitplanung.

Unter extremer Geheimhaltung war es einer Gruppe biologischer Genies tatsächlich gelungen, einen kompletten menschlichen Körper auf einem Wege der unbefleckten Empfängnis zu züchten; und nicht allein die katholische Kirche würde einen Sturm der Entrüstung dagegen entfesseln, wenn dies bekannt würde.

Doch es existierte nur ein Prototyp, der bewußtlos auf einer wasserbettähnlichen Unterlage im Zentrum zahlloser Schläuche, Drähte, Sensoren und Meßfühler lag. Er nahm Nahrung zu sich und schied sie auch wieder aus, reagierte auf jeden Reiz, der ihm, sorgfältig getrennt von dem Alltagsleben um ihn herum, zugeleitet wurde. Er sah, was ein Video-Computer ihm direkt als Signal zum Sehnerv schickte, hörte Geräusche, die sauber synthetisiert aus einer akustischen Datenbank sein Innenohr erreichten, fühlte den leisesten Druck auf seiner Haut – die sich jetzt, wie als Reaktion auf den allgemeinen Lärm um ihn herum, zu einer Gänsehaut zusammenzog.

„Ich will jetzt der Reihe nach alle wesentlichen anormalen Funktionswerte hören. Also nur Meldungen der Abteilungen, die den Alarm ausgelöst haben, klar? Alle anderen bleiben in Bereitschaft und halten jetzt die Klappe! Wir fangen mit dem nervalen System an."

„Der Geschlechtstrieb ...."

„Ich höre wohl nicht richtig? Ich war verdammt dagegen, so was überhaupt einzubauen. Jetzt kommen Sie mir nicht mit diesen Kinkerlitzchen dazwischen, während das ... äh, er ..., also während wir Alpha-Alarm haben."

„Bewußtseinszustand kritisch. Völlig anormale EEG-Muster ..."

„Kritisch?"

„Läßt sich noch nicht sagen. Solche Kurven hatten wir noch nie. Alle Vergleichswerte fehlen."

„Gut, weiter."

„Höhrnerv schwer geschädigt, Reizleitung verringert ... Obwohl im Innenohr ein Standardsignal anliegt, kommt im Schläfenlappen kaum noch was an."

„Ich ergänze mal: alle physiologischen Reaktionen sind verlangsamt.“

„... und das Seltsamste ist: er hat schwere Gleichgewichtsstörungen.“

„Wie bitte?“

„Das Cortische Organ registriert so eine Art wilden Seegang. Außerdem registrieren wir unkontrollierbare Muskelreizungen.“

„Was heißt das?“

„Er wälzt sich hin und her.“

„Ich bitte doch, den Prototyp nicht immer ‚er‘ zu nennen“ Ist schließlich nur ein menschliches Modell und kein Mann.“

„Nicht nur der Prototyp ist biologisch männlichen Geschlechts, sondern auch das Wort.“

„Keine Haarspaltereien jetzt bitte! Weiter!“

„Hier die optische. Er sieht nicht mehr korrekt. Was als Signal im Hinterhauptlappen ankommt, kann vom Hirn nicht mehr als Bild aufgearbeitet werden. Das gestörte Farbsehen ist da der kleinste Defekt.“

„Auch der Signaleingang im Ammonshorn ist gestört ...“

„Das gleiche gilt für die Regio postcentralis des Scheitellappens ...“

„Sie wollen sagen, er riecht nicht mehr korrekt und verarbeitet Tastempfindungen falsch, Hm, dann sind ja die gesamten zur Großhirnrinde führenden Sinnesreizleitungen gestört. Halt, was macht der Geschackssinn?“

„Das gleiche. Dem können Sie jetzt glatt ’ne Zwiebel als Ananas verkaufen!“

„Und der Geschlechtstrieb ...“

„Kollege, ich habe nichts gegen Sie persönlich. Aber wenn Sie mir noch einmal mit Ihrem Geschlechtstrieb kommen, vergesse ich mich!“

„Hier sind noch ein paar Fehlmeldungen. Herzschlag und Kreislauf sind unregelmäßig, die Atmung zu flach, gleichzeitig hat er Hunger- und Durstgefühle sowie gesteigerten Harndrang. das Wärmeempfinden ist destabilisiert, er empfindet unerklärliche Müdigkeit..“

„Chef, hier die letzten Ergebnisse: ihm ist, wenn unsere Instrumente nicht lügen, speiübel. Wir müssen mit spontanem Erbrechen rechnen.“

„Irgendwelche Schmerzlokalisationen?“

„Von einem ziemlichen diffusen Kopfschmerz abgesehen, nein!“

„Wieso keine anderen Schmerzen?“

„Er steht vielmehr unter dem Einfluß eines starken Beruhigungsmittels, so stark, daß er nicht mal in der Lage wäre, seine Nase mit dem ausgestreckten Zeigefinger zu berühren, wäre er bei Bewußtsein.“

„Ist doch völlig unmöglich. Hat ihm irgendjemand sowas verabreicht? Irgendein Giftverträglichkeitstest, von dem ich nichts weiß? Oder etwas ähnliches?“

„Keine Spur.“

„Was ist mit der Stimmbandkoordination?“

„Wichtig erscheint mir das zwar nicht, aber wir

können ihn momentan bestenfalls zu einem blöden Lallen bringen."

„Meine Herren, ich bin mit meinem Latein ziemlich am Ende. Fehlfunktionen im ganzen Körper. Aber das ergibt doch kein sinnvolles Gesamtbild. Hat jemand Vorschläge?"

„Also, wenn ich nochmals auf die diffuse Reizung des Nukleus posterior hinweisen ..."

„Nein! Sie dürfen nicht! Wissen Sie, was Sie mit Ihrem blöden Geschlechtstrieb dürfen, ja, wissen Sie das? Gottverdammt, warum mußte das Modell auch noch mit diesem Unsinn vollgestopft werden?"

„Chef, pst."

„Was ist? Reden Sie doch laut, Mann. Wir sind für jede gute Idee dankbar. Der Mann, ich meine der Prototyp stirbt uns unter den Händen!"

„Ich möchte lieber erst mal unter vier Augen, Chef. Ich hab die Magen-, Blut und Urinanalysen. Wenn Sie mal schauen wollen ..."

„??!!"

„Ich seh' ja wohl nicht richtig! Wer war das? Ich werde drastische Disziplinarmaßnahmen verhängen, ich werde den Schuldigen gnadenlos ... Gegen diesen Schabernack werde ich durchgreifen. Wer hier glaubt, er könne sich einen Jux aus der Wissenschaft und unserer Arbeit machen, der hat sich aber geschnitten! Also, ich frage zum letzten Mal: Welcher Witzbold hat dem teuersten Resultat menschlicher Forschung Alkohol eingeflößt?!"

2. Die Magengeschwür-Story

Anrüchiger Auftrag in dunklen Gassen
Giftanschlag oder Selbstmord?
Der Attentäter bleibt im Dunkel

Der Auftrag kam mal wieder rein, kurz bevor ich völlig pleite war. Möglich, daß mich das Honorar ein, zwei Wochen über Wasser hielt. Dennoch war ich nicht sonderlich begeistert. Das Wetter war mies, und meine Laune auch. Zudem schien der Job nicht gerade die reine Erholung zu werden. Irgendjemand schien ein Attentat zu befürchten, „ein Anschlag auf mein Leben", wie es so schön im Kino heißt.

Er hatte Angst, vergiftet zu werden. Grauenhafte Magenschmerzen. Lächerlich, ich kannte ihn. So robust, wie der war, konnte den kein Gift der Welt aus dem Weg räumen. Höchstens, daß er wieder zuviel Alkohol abgekriegt hatte. Das brachte ihn immer aus dem Gleichgewicht. Aber Gift?

Ich hielt das Ganze also für einen ziemlich hysterischen Anfall, zog aber meinen Trenchcoat vom Haken, schob den weichen Hut, der schon vor einer ganzen Reihe von Jahren nicht mehr neu genannt werden konnte, ins Genick, und machte mich an die Arbeit. Was tut man nicht alles für die Moneten.

Zuerst zum Tatort. Der Magen. Was ich da sah, das allerdings brachte mich denn doch einigermaßen aus der Ruhe. Er wand sich in Schmerzen und sah fürchterlich aus. Eine riesige Wunde in der Nähe des Magenausgangs. Magengeschwür. Von Gift natürlich keine Spur. Als hätte sich hier eine riesige stählerne Faust ausgetobt. Weit aufgerissen die Magenwand, und des blutete in wahren Bächen.

Wer macht denn so was? Es kommt schon mal vor, daß Meinungsverschiedenheiten nicht ganz freundschaftlich enden, aber das hier war ein brutaler, heimtückischer, sadistischer Mordversuch. Wer konnte den Magen derart hassen, daß er ihm solche Qualen bereitete?

Natürlich kommen stählerne Fäuste in keinem Magen vor, und ich mußte wohl oder übel nach einem anderen Schuldigen Ausschau halten. Mein erster Blick ging nach oben, zum Mageneingang. Ich wußte, daß auf diesem Wege schon so manche Schweinerei hier reingekommen war – man hat so seine Quellen.

Aber wenn der Täter von da gekommen sein sollte, um sein grausiges Werk zu verrichten, dann war er mit Sicherheit schon längst über alle Berge. Mein Blick beschrieb einen weiten Bogen und blieb schließlich gedankenvoll am Magenausgang hängen.

Bedächtig nickte ich. Das war es. Dort hinein

mußte ich jetzt, in diesen stinkenden Dschungel des Dünndarms. Denn ich hatte keine Hoffnung, ihn schon im Zwölffingerdarm stellen zu können.

Was half es? Ich zog den Gürtel meines Mantels enger und wollte schon in die unergründlichen Katakomben eintauchen, da warf ich noch einmal einen Blick zurück auf die schauerliche Wunde.

Mich sollte der Teufel holen, wenn sich da nicht was verändert hatte! Richtig, die Wunde war größer und tiefer geworden.

Ich überwand mich und sah mir die Sache nun doch etwas genauer an.

Nein, auch keine Stahlfaust oder irgendetwas anderes Handfestes hatte dieses Loch gerissen. Säure! Ganz klar Säure.

Wenn ich Giftmörder schon nicht leiden kann, so halte ich Säureattentäter denn nun wirklich für das Übelste, was es gibt. Die Geschichte wurde langsam zu einem Fall, den ich nicht nur wegen ein paar lumpiger Moneten erledigen wollte. Den Burschen wollte ich zur Strecke bringen, und wenn es das letzte wäre, was ich tat.

Damit hatte ich mir allerdings gleichzeitig einen unangenehmen Gang in die Därme erspart. Mein Blick ging wieder nach oben. Dort mußte der Kerl ja schließlich seine Säure runtergekippt haben.

Wer konnte mir sagen, was in den letzten Stunden die Speiseröhre heruntergekommen war? Ich entsann mich, daß mir einer der Geschmacksnerven noch einen Gefallen schuldig war, und setzte mich in Bewegung. – – –

Eine Sackgasse, natürlich. Der Geschmacksnerv schwor Stein und Bein, daß es ihm nicht entgangen wäre, wenn er ein derart aggressives Zeug zu kosten bekommen hätte.

Klar, auch die ganze Speiseröhre hätte durch die Säure angegriffen sein müssen. Also besorgte ich mir eine Probe dieser verdammten Säure und ließ sie untersuchen. Zwischendurch, um die Wartezeit auf das Ergebnis wenigstens halbwegs sinnvoll rumzubringen, warf ich doch einen kurzen Blick in den Magenausgang und in den Zwölffingerdarm hinein. O Gott, ist es da unten trübe. Vor allem diese Verdauungsdünste, die von weiter unten heraufwehen, sind schwer auszuhalten. Und diese Geräusche. Ständig ein dumpfes Gurgeln, Malmen, Gluckern und Rumoren. Also, nichts für mich, muß ich sagen. Wenn die Sache mit der Verdauung anfängt – mag ja wichtig sein, nun ja – halte ich meine Nase lieber fern.

Doch der Ausflug war nicht ganz uninteressant. Keinerlei Säureschäden dort unten. Das gab mir zu denken. Wieso frißt die Suppe im Magen Riesenlöcher und da unten nichts, nicht der kleinste Kratzer.

Zwischendurch schaute ich kurz im Büro vorbei. Eine Nachricht meines Auftraggebers klemmte am Spiegel neben der Kaffeemaschine. Die Geschichte wurde verflucht brenzlig. Das Geschwür war weiter gewachsen, und ich sollte mich beeilen, oder ich könne mir Honorar und Spesen vom Friedhof abholen.

Ich tat ohnehin schon, was drin war. Allerdings ohne jede weitere Spur? Was konnte ich tun?

Ohne eine dicke Portion Glück kommt man in meinem Job nicht weit, sage ich immer. Und auch diesmal hat es mich nicht verlassen. Gerade war ich dabei, mich in meinem Sessel langzumachen und einer Flasche Bourbon auf den Grund zu sehen, da kam der Anruf vom Labor. Nicht daß ich hinterher sehr viel schlauer war, nein, ich habe im Gegenteil ziemlich belämmert aus der Wäsche geschaut, doch zumindest wußte ich nun, daß alle meine bisherigen Fährten ins Nichts führten. Das gefräßige Zeug war ordinäre Salzsäure, HCL, einmolar – was immer das heißen sollte, und verdammt aggressiv. Das aber war nicht die eigentliche Überraschung. Nein. Der Hammer hing ganz woanders. Die Salzsäure stammte aus dem Magen selbst.

Ich griff Hut und Mantel, ließ die offene Flasche Bourbon in den Papierkorb fallen und stürmte aus der Tür.

Es hat nicht lange gedauert. dann hatte ich die Magendrüsen in der Ecke, wo ich sie haben wollte. Rasch, fast zu rasch, hatten sie zugegeben, daß sie die Säure produziert hatten. Sie versuchten sich damit rauszureden, daß die das immer täten, und bisher nicht das geringste passiert sei. Und schließlich komme die Anweisung zur Säureproduktion nicht von ihnen.

Aha! Ich schnappte mir eine dieser so arglos aussehenden Säureproduzenten und stieß ihn beinahe mit der Nase in das Geschwür. Aber die Drüse ließ sich überhaupt nicht weiter beeindrucken. Schließlich sei es Sache des Magenschleims, die innere Magenwand vor Säureschäden zu schützen. Sie aber habe damit überhaupt nichts zu tun. Da müsse ich mich schon an die Magenschleimhaut halten. Sie sei nur ein winziges Rädchen in dem Betrieb.

Schon wieder die Magenschleimhaut! Das Netz zieht sich zusammen, dachte ich. Wie sehr ich mal wieder daneben lag, sollte ich in Kürze feststellen.

Die Magenschleimhaut protestierte, als ich ihr vorwarf, mir die Hälfte verschwiegen zu haben. Schließlich war sie gewissermaßen der Boß aller Drüsen.

Ja, natürlich produzierten die einen Drüsen Salzsäure um damit den Magensaft anzureichern, andere Drüsen wiederum den nötigen Schleim, um die Magenwand zu schützen.

Ich nahm sie hart in die Mangel. Schließlich brach sie zusammen und erklärte in weinerlichem Ton, sie könne doch auch nichts dafür, wenn die Mengenverhältnisse durcheinandergeraten seien. Ich hakte nach und brachte aus ihr heraus, daß die Säuredrüsen viel mehr Salzsäure an den Magensaft abgegeben hatten, als üblich. Aber sie habe angenommen, es werde schon seine Ordnung haben, wenn die Anweisung von oben käme.

Von oben? Was soll das nun wieder? Wer steckt dahinter? fragte ich scharf und sah die Magenschleimhaut drohend an. Doch die hatte jeden

Widerstand aufgegeben und war überhaupt nicht mehr in der Lage, mir etwas vorzumachen. So etwas sieht man, wenn man meine Erfahrung hat.

Das Gastrin sei schuld, meinte die Schleimhaut. Es sei einfach zuviel Gastrin im Blut gewesen, und auf Gastrin reagierten die Hauptzellen ganz automatisch mit einer erhöhten Produktion von Säure.

Mir war sofort klar, daß dieses Gastrin lediglich ein vorgeschobener Sündenbock war, denn schließlich sitzen die Drüsen, die das Gastrin ins Blut abgeben, auch im Magen, und für mich war die Magenschleimhaut immer noch die erste auf meiner Liste der Verdächtigen. Aber ich hatte den Faden in der Hand und brachte nur daran zu ziehen. Er würde mich zum eigentlichen Übeltäter führen. Wer hatte die Anweisung gegeben, zuviel Gastrin auszuschütten?

Hätte ich nur besser zugehört, als die Magenschleimhaut bei unserem ersten Gespräch etwas davon sagte, sie bekäme ihre Befehle „von oben“. Dorthin führte die Spur. Und dann hatte ich den Namen des Drahtziehers: Vagus.

Vagus? Dunkel erinnerte ich mich, einmal über den Kerl gestolpert zu sein. Ein Nerv mit ziemlich weitreichenden Verbindungen. Beginnt im Hirnstamm, läuft dann nach unten, am Kehlkopf vorbei, parallel zur Speiseröhre, wobei er schon einige Verbindungen zu den beiden aufgebaut hat. Er spaltet sich in zwei Äste auf – aber nur, um sich sofort in viele weitere Fasern aufzuspalten, mit denen er dann bis hin zu den wichtigsten Organen reicht und sie für sich arbeiten läßt: Lunge, Milz, Niere, Nebenniere, Dünndarm und Zwölffingerdarm, oberer Dickdarm – und eben auch zum Magen.

Von ihm stammte die Anweisung zur Gastrinproduktion. Ich knöpfte ihn mir vor. Einer von diesen unsympathischen Leuten, die ihre Finger in allem drinhaben und überall mitmischen, dachte ich, bevor ich ihn traf. Allein schon dieser Name „der Vagabundierende"! Weit daneben.

Er wußte schon, was ich von ihm wollte – klar, bei seinen weitreichenden Beziehungen. Information sei für ihn eben alles, meinte er lächelnd. Aber Schuld an dieser überhöhten Säureproduktion sei er eben auch nicht.

Messerscharf schleuderte ich ihm die Frage entgegen: Wer dann?!

Wer gibt denn hier die Anweisungen? Und ich nagelte ihn mit dem fest, was ich unterwegs aufgeschnappt hatte, daß nämlich 70 % aller Magensäure als Folge der Erregung des Vagus-Nervs erzeugt wurde.

Doch er hielt dem lächeln stand und zählte schlicht auf, daß er auch nur von anderen Sinnesreizen abhänge. Alles, was der Kerl, womit er den Gesamtorganismus meinte, außen sieht, riecht oder schmeckt und auch nur irgendwie aussieht, als wäre es essbar, führe bei ihm unweigerlich zum Signal an die Drüsen der Magenschleimhaut, Gastrin zu produzieren. Diese wiederum regten zur Produktion …

Ich wollte ihn unterbrechen. Doch er war im Reden und leierte die ganze Kette nochmals runter. Schließlich meinte er achselzuckend, da könne er gar nichts machen. Aber das alles käme als Ursache für eine derartig hohe Magensäureproduktion nicht in Betracht … Er unterbrach sich geheimnisvoll, blickte verstohlen um sich, ob auch niemand zuhörte und raunte mir dann ein einziges Wort ins Ohr. Ungläubig hörte ich, wie er „Streß!“ flüsterte. Streß habe bei ihm die gleichen Folgen, dagegen sei kein Kraut gewachsen. Und er wisse auch, wer dafür verantwortlich sei …

Es ist nicht meine Art, jemanden auf die Folter zu spannen. Aber ich bin tatsächlich nicht so dumm, lauthals herumzuerzählen, wer letztlich schuld an dem brutalen Magengeschwür ist. Aber falls Sie es nicht weiter verbreiten … Der Chef dieses Organismus, der sich selber aus unbegreiflichen Gründen Mensch nennt, ist ein außerordentlich fieser Typ. Kein Tag im Büro vergeht ohne einen handfesten Ärger – aber das werden sie kennen. Streß ist das Ergebnis, und in der späteren Folge: zuviel Magensäure und ein anständiges Loch im Magen, ein Geschwür mithin. Man könnte sagen, dieser Mensch ärgert sich ein Loch in den Bauch, buchstäblich.

Leider nun bezieht der Mensch sein Einkommen aus den Händen ebendieses fiesen Chefs – und in letzter Konsequenz hängt auch mein Honorar davon ab, daß dieser Geldhahn nicht vorzeitig zugedreht wird. Kann also irgendjemand allen Ernstes von mir verlangen, den wahren Urheber zu nennen?

Ich mache zwar einen miesen Job, aber ich bin nicht blöd.

3. Die Haut-Story

Der Richter winkte nur müde ab. „Ich verstehe Sie einfach nicht, meine Herren, also wirklich. Warum in aller Welt konnten Sie sich nicht friedlich einigen? Das ist doch schließlich eine ganz simple Angelegenheit. Na, dann wollen wir mal. Sie haben die Ware also geliefert?“

Der Kläger nickte gelassen. „Gewiß doch. Wie ich schon sagte …“

„Ja, ja, schon gut,“ unterbrach ihn der Richter. „Und Sie, Angeklagter, warum haben Sie ihn dann nicht bezahlt?“

Tief holte der Angeklagte Luft. „Die Ware entsprach überhaupt nicht meiner Bestellung! Viel zu aufwendig! Und allein das Gewicht! 20 Kilo für die knapp 2 Quadratmeter! Und viel zu teuer war sie obendrein! Der Kerl …“

„Na, na.“

„… äh, der Ingenieur hat das Zeug unnötig kompliziert gemacht – und allein die Materialkosten …“

„Oh, diese Geschwätzigkeit! Und ich verstehe schon wieder nichts. Der Reihe nach, wenn ich bitten darf. Also, wozu brauchten Sie Ihre …“

„Haut, Euer Ehren, ich hatte bei diesem Pfuscher eine simple Haut bestellt, nichts weiter!“

Hier hielt der Kläger nicht länger an sich. „Pfuscher nennt dieser Holzkopf mich. Er hat ja keine Ahnung, wovon er spricht. Eine simple Haut, simpel, ha!“

„Ruhe! Hier brülle nur ich!“ mischte sich der Richter ein. „Was ist an dieser Bestellung denn so Besonderes? Wo liegt das Problem, Herr Ingenieur?“

„Ja sehen Sie, Euer Ehren, dieser Herr … Biologe hat wieder mal etwas rumgebastelt, einen Menschen erschaffen, wie er mir sagte, und ihm fehlte nur noch eine passende Oberfläche, die besagte Haut eben. Und ich hab sie halt gemacht und auch pünktlich geliefert.“

„Und?“

„Sie hat dem Herrn nicht gepaßt, das Material, die Farbe nicht, das Gewicht nicht, der Preis nicht – überhaupt nichts!“

„Na, so weit scheinen sich die Herren ja einig zu sein“, nickte der Richter zufrieden und lehnte sich zurück. „Der Rest ist in fünf Minuten geklärt. Sie also, Herr Biologe, haben die Haut bestellt, Sie Herr Ingenieur haben geliefert, aber kein Geld erhalten, weil Ihr Auftraggeber behauptet, Sie hätten die Sache vermasselt. Hm, nun bin ich ja schließlich kein Fachmann für Menschen, denke aber, es wird sich doch entscheiden lassen, ob die Zahlungsverweigerung zu Recht oder zu Unrecht besteht. Was also hatten Sie bestellt,

Angeklagter, aber etwas präziser, wenn ich bitten darf."

„Ah, Euer Ehren, vielleicht dürfte doch ich erklären, was er bei mir in Auftrag gab?"

„Na meinetwegen, wenn Sie glauben, Sie können das besser."

„Er hatte also tatsächlich einen Menschen zusammengebastelt, und nun hing das Fleisch ziemlich lose um die Knochen herum. Ich habe es mit angesehen. Sah übrigens scheußlich aus!"

„Zur Sache, Herr Ingenieur!"

„Ja, sicher, ich bin schon bei der Sache. Also, er sagte, ich soll ihm eine dazu passende und praktische Hülle liefern, und die sollte nur ein paar Funktionen erfüllen, wörtlich: nur ein paar. Ha!"

„Sag ich doch die ganze Zeit", warf der Biologe dazwischen.

„Was dieser Mann sich vorstellt. So einfach geht das eben doch nicht. Wenn ich mal eben ausführen darf?"

„Ich bitte sogar darum. Was glauben Sie, weshalb wir alle hier sind?" brummte der Richter.

„Zunächst wollte ich ja auch nur eine einfache dünne Hülle drumherum bauen, damit dieser Mensch nicht ganz so nackt wirkt und damit Fleisch, Fett, Muskeln und der ganze Rest ein bißchen zusammenhalten, aber schließlich ist man Ingenieur und kein Pfuscher."

„Was meinen Sie damit?" erkundigte sich der Richter.

„Wenn ich etwas mache, dann richtig. Ich hab'

zunächst die Schutzfunktionen etwas perfektioniert, gegen mechanische, chemische und elektrische Reize sowie gegen Wärme und Bakterien. Und dann mußte dieses Wesen ja schließlich auch irgendwie richtig temperiert werden. Auf die Idee bin ich sogar richtig stolz: ich hab' das durch eine eingebaute variable Blutzirkulation und eine Wasserverdunstung gelöst, so etwa einen halben Liter am Tag läßt meine Haut durch …"

„Es ist typisch, daß der Mann das Wesentliche unter den Tisch fallen lassen will, den Schweiß nämlich! Und wie das stinkt" platze der Biologe dazwischen und handelte sich dadurch einen erneuten Ordnungsruf des Richters ein.

Der Ingenieur überhörte den Zwischenruf einfach. „Natürlich habe ich auch gleich an einen Austausch von Gasen gedacht. Ist doch praktisch: Luftsauerstoff rein und Kohlensäure, Stickstoff und, wie schon gesagt, Wasserdampf raus …"

„Ich hatte eine Lunge vorgesehen!" protestierte sein Kontrahent.

„Reicht nicht! Euer Ehren, das sag ich doch, dieser Mann erteilt Aufträge, ohne sich über die Konsequenzen im vollen Umfange bewußt zu sein. Er wäre nie auf die Idee gekommen, die Haut als Speicherorgan für Wasser, Zucker und Fermente zu nutzen."

„Schon wieder verschweigt er seine Pannen! Die Stümper hat es doch tatsächlich fertiggebracht, so an die 15 Kilo Fett mit in die Unterhaut einzuschmuggeln!" konterte der Biologe.

Der Richter wurde ärgerlich. Angeklagter, reden Sie nicht ständig dazwischen. Sie stören die Beweisaufnahme!“ Und er wandte sich zu dem Kläger hinüber. „Nun aber weiter.“

„Ja, was soll ich noch sagen, Euer Ehren?“, meinte der. „Von den zwei Gramm Hauttalg, die pro Tag abgesondert werden, kann man kaum sprechen, doch es verteuert das Modell natürlich auch ein wenig. Aber die Sensorik ist schon ein Meisterstück geworden, das dürfen Sie mir glauben – und das ist nun mal nicht umsonst zu kriegen. Ich hab Temperatur- ,Tast- und Schmerzsensoren integriert.“

„In einem völlig blödsinnigen Verhältnis“, tönte es aus der Ecke des Biologen. „Auf einem Quadratzentimeter hat er 2 Wärme- aber 13 Kältepunkte untergebracht, und nur 25 druckempfindliche Punkte gegenüber ganzen 200 Schmerzpunkten.“

„Das erscheint mir auch ein wenig sonderbar“, stimmte der Richter zu, ohne die erneute Störung zu ahnden. „Hatten Sie einen besonderen Grund dafür, Herr Ingenieur? Das Wesen muß ja beim geringsten Anlaß von Schmerzen gepeinigt werden.“

Der wurde leicht verlegen und startete ein Ablenkmanöver. „Na ja, doch bedenken Sie, daß ich ja dadurch auch Druckempfindungen, Erschütterungen und schließlich ein paar Lustgefühle mit rüberbringe …“

„Ha, Lust! Was ich sage, er spinnt! Es geht doch bloß um einen Menschen!“

„Natürlich, in Ihrem Bauplan war so was nicht vorgesehen!“ ereiferte sich der Ingenieur.

„Aber das ist dann alles?“ wollte der Richter wissen.

„Nun, nicht ganz. Ich dachte noch an so eine Spiegelfunktion, wie soll ich sagen … ich wollte innere Erregungen oder Krankheiten durch die Oberfläche des Menschen zum Ausdruck bringen, auch vielleicht sein Alter …“

„Niemand hatte Sie darum gebeten, mein Lieber! Ich hatte lediglich nach etwas den ganzen Körper Bedeckendem gesucht, das ihn schützt, elastisch ist, sich dehnen und verschieben kann, ein wenig mitwächst und auch gelegentlich Kratzer ausheilen kann.“

„Genau das haben Sie auch bekommen.“

„Aber eben nicht allein das. Und überhaupt: was sollen denn Ihre ganzen Anhängsel, wie?“ erboste sich der Biologe.

„Die Verhandlung führe immer noch ich“, fuhr der Richter dazwischen. „Äh – von welchen Anhängseln ist die Rede?“

Der Biologe antwortete rasch, um auch einmal zu Worte zu kommen. „Er hat Talg- und Schweißdrüsen hineingebohrt und zu allem Überfluß Nägel und Haare auf den unsinnigsten Körperstellen verteilt. Und anschließend hatte er die Frechheit, mir jedes Haar einzeln zu berechnen!“ Er unterstrich seine Empörung durch weitausholende Gesten mit den Armen. „Sie sollten nur mal die Rohstoffrechnung sehen. Hier,“ und er kramte einen Zettel aus der Tasche und schwenkte ihn, „hier ist die Riesenliste: Eiweiße, Fette, Kohlenhydrate, Kalzium, Kalium, Magnesium, Natrium, Mineralstoffe, diverse Fermente, Hormone und Vitamine, alles angerührt mit sechzig bis siebzig Prozent Wasser. Kein Wunder, daß das ins Geld geht!“

„Aber ich verstehe Sie doch richtig: das hatten Sie nicht bestellt, Angeklagter?“ erkundigte sich der Richter.

„Nie im Leben! Aber er meint ja, anders würde es überhaupt nicht funktionieren.“

„Genau!“ kam als Zwischenruf, diesmal vom Ingenieur.

„Aber, Euer Ehren, ich frage Sie, wenn ich bei ihm eine simple Haut bestelle, hat dieser Mann dann das Recht, mir gleich drei Häute zu liefern?“

„Drei?“

„Drei, und zwar übereinander! Ganz außen eine Oberhaut. Als hätte die nicht genügt, nein, darunter hat er noch eine Lederhaut versteckt und dann schließlich als Gipfel eine Unterhaut. Kein Wunder, daß da 20 Kilo zusammenkommen. Und ich soll's bezahlen! Nie!“ Der Biologe preßte die Lippen aufeinander und verschränkte die Arme über der Brust. Erwartungsvoll sah er den Richter an.

Jener war nun doch reichlich ratlos. „Hm, der Aufwand erscheint auch mir recht groß.“ Er wandte sich an den Ingenieur. „Ich will keinesfalls Ihre Kunstfertigkeit in Zweifel ziehen, doch die Frage muß gestattet sein: ging es denn nicht wiklich ein wenig bescheidener?“

„Wenn Sie wollen, daß das Wesen nicht mehr als die erste Woche übersteht, bitte“, gab der schnippisch zurück.

Der Richter versank in Nachdenken, wobei er mehrmals vor sich hin brummte. Schließlich wandte er sich unvermittelt an den Biologen. „Sagen Sie doch bitte, warum haben Sie eigentlich diesen Auftrag an einen Fremden gegeben und diese Haut nicht gleich selber zusammengebastelt?“

Der wurde sichtlich nervös, ruckte auf seinem Stuhl herum und geriet ins Stottern. „Ich? Äh, ja, natürlich … warum, also ich hatte … wie soll ich sagen, die Zeit … Außerdem, nun ja … meine ersten Versuche waren nicht so ganz …“

„Erfolgreich?“ vermutete der Richter.

Der Biologe nickte stumm.

„Das ist es doch“, mischte sich der Kläger ein, „so eine Haut ist eben eine ingenieurtechnische Meisterleistung. Das hatte der Herr Auftraggeber einfach unterschätzt. Ich dachte natürlich, was ich mache, soll auch richtig funktionieren, und wir haben noch gar nicht von den grundlegenden physiologischen Abläufen gesprochen, die …“

„Wollen wir es doch dabei belassen“, bremste der Richter. „In der Tat scheint mir nach einigem Nachdenken diese Funktionsvielfalt nicht ganz unbegründet, und so darf man dies wohl als notwendigen Teil solider Handwerksarbeit ansehen – die Sie, Angeklagter, wohl auch werden honorieren müssen. In einigen Punkten aber sehe ich den Sinn auch nicht recht. Hm, soviele Schmerrezeptoren, und dann der üble Geruch des Schweißes, hm … Darüber werden wir noch mal reden müssen.“ Er schüttelte leicht den Kopf und versank in nachdenkliches Schweigen.

4. Die Krampfadern-Story

Falscher Alarm oder Notfall?
Ein Bein steht auf dem Spiel
Keiner glaubt Erwin

„Hier Zentrale Trombosen-Wache, ich höre."

„Tach. Hier ist Erwin. Wir haben hier unten ein Problem. Es ist dringend. Ich fürchte …"

„Wer zum Teufel spricht da, und wo ist ‚hier unten'?"

„Entschuldigung, ich spreche aus der … äh, aus dieser großen Beinvene …"

„Wo sind Sie?"

„Na, in dieser Oberschenkelvene, in der linken, meine ich, knapp über dem Knie.."

„Verdammt, wieder so ein Spinner. Kann Euch da unten denn keiner erklären, wie man eine korrekte Meldung absetzt?! Stecken Sie in der tiefen Vene?"

„Nein, in der oberflächlichen …"

„Dachte ich mir's doch. Und das nennen Sie dringend! Lassen Sie sich um Himmels willen sagen, wie Sie eine Notfallmeldung zu machen haben und wann es sich um einen Notfall handelt. Und ich reiße Ihnen persönlich den Kopf ab, falls Sie mich noch mal wegen so einer Lappalie stören! Verstanden!“

„Aber …“

„Ende!“

„Hier Zentrale Trombosen-Wache, ich höre.“

„Äh, guten Tag, Hier spricht der Posten aus der Vena saphena magna. Ich habe einen Notfall – Verdacht auf beginnende Trombose.“

„Die Stimme kenne ich doch. Sie sind es wieder, der kurz überm linken Knie?“

„Ja, hier ist Erwin!“

„Ich wußte es, heute ist ein beschissener Tag. Warum muß ich Dienst haben, wenn dieser Spinner hier anruft … Also schießen Sie schon los, damit wir's hinter uns haben. Aber hüten Sie sich, nochmal was von einem Notfall zu faseln. Aus Ihrer Ecke kommt garantiert kein Notfall. Ich bin lange genug im Geschäft. Mir können Sie diesen Blödsinn nicht erzählen.“

„Ich bin ja auch erst neu hier. Und man hat mir gesagt, ich soll beim kleinsten Verdacht sofort die Zentrale alarmieren. Ich kann ja auch nichts dafür …“

„Nun hören Sie schon auf zu jammern. Was gib's denn?“

„Hier ist eine Trombose im Entstehen!“

„Also, junger Mann, die Schlußfolgerungen überlassen Sie mal ruhig uns. Was haben Sie beobachtet?“

„Also, die Anzeichen sind ganz eindeutig. Die große …, äh, diese Vene …“

„Sie meinen die Saphena?“

„Ja, ja, genau die. Also, sie wird dicker und dicker.“

„Was ist mit dem Druck in der Vene?“

„Stark angestiegen. Außerdem beginnt sie sich bereits zu schlängeln. Der erhöhte Druck treibt sie richtig auf – in die Breite und in die Länge.“

„Und?“

„Was und?“

„Na was noch, Sie … Erwin, Sie.“

„Na, mehr ist nicht. Reicht das nicht?“

„Neinnnn, verdammt noch mal! Das reicht nicht! Das ist eine Bagatelle, eine stinknormale Krampfader, nichts weiter. Lassen Sie es sich bloß nicht noch mal einfallen, mich wegen einer Krampfader zu stören, haben Sie mich verstanden?!“

„Aber …“

„Ende!“

„Hier Zentrale Trombosen-Wache, ich höre.“

„Also, hier ist … Erwin, Entschuldigung. Aber meine Kollegen meinen, ich sollte Sie nun wirklich noch mal informieren …“

„Erwin?! Oh Gott. Womit habe ich das verdient?“

„Die anderen meinen aber wirklich …“

„Sagen Sie’s schon.“

„Wir haben hier einen starken Schlag auf die, äh, auf die Krampfader bekommen.“

„Weiter.“

„Es hat ziemliche Verletzungen an der Innenwand gegeben. Die ist ja schon so dünn geworden … In der Notfallordnung steht ausdrücklich, daß solche Verletzungen zu melden sind, ich kann ja auch nichts dafür, ich meine, ich mach ja auch nur meinen Job, was soll ich denn sonst …, wenn ich nichts sage, ist’s bestimmt auch wieder falsch … was weiß denn ich …“

„Na, na, ist ja schon gut. Ja, sicher, im Buch steht tatsächlich was von Meldepflicht in einem solchen Fall.“

„Ich war schon so unsicher …“

„Mann, Sie scheinen aber wirklich sehr neu zu sein. Wie ernst ist denn die Lage?“

„Keine Ahnung.“

„Toll. Also passen Sie auf, ich erklär’s Ihnen. Unser Mensch ist Verkäufer, Verkäuferin, um genau zu sein. Stehender Job, den ganzen Tag lang. Klar?“

„Nö.“

„Ich dachte’s mir. Durch die erhöhte Belastung haben wir erhebliche Probleme mit den Venenklappen – die werden zu schwach und können nicht mehr verhindern, daß das Blut nach unten in die Beine absackt, anstatt brav zum Herzen gepumpt zu werden. Jetzt klar?“

„Na sicher, ich sag, doch, daß wir hier einen zu hohen Druck …“

„Sicher, sicher. Das wissen wir längst. Ist aber noch kein Problem. Das Resultat ist höchstens eine bildschöne Krampfader, nichts weiter. Solange die unbeschädigt bleibt, sieht sie eben nur schön dick und blau aus und schlängelt sich durch die Landschaft, weil sie total in die Länge gedehnt ist und irgendwohin muß."

„Aber sie ist doch beschädigt."

„Immer noch kein Beinbruch. Interessant wird's erst , wenn sich an der beschädigten Wandstelle Blutplättchen oder so was anlagern. Aber im Prinzip haben Sie schon recht. Ab jetzt sollten Sie mal schärfer auf die Stelle achten. Verstanden, Erwin?"

„Jawohl. Ich achte."

„Na, dann kann ja kaum noch was passieren. Ich fürchte, ich höre wieder von Ihnen."

„Weil Gefahr besteht?"

„Nein, weil Sie besonders penetrant sind. Ende."

„Hier Zentrale ..."

„Posten Erwin hier! Es ist passiert!"

„Erw...! Was ist passiert?"

„An der schadhaften Stelle haben sich jede Menge Blutplättchen angelagert und kleben wie Pech und Schwefel aneinander. Außerdem Fibrin und rote Blutkörperchen. Alles ist geronnen. Die Vene ist so gut wie völlig zu."

„Jetzt haben Sie aber verdammt lange mit Ihrer Meldung gewartet, Erwin."

„Nie kann man's den Leuten recht machen. Erst meckern ..."

„Erwin, dafür ist jetzt keine Zeit. Hat sich da bereits irgendwas entzündet?"

„Auch das. Das Ding ist dick, hart und ziemlich gerötet.“

„Na, dann haben wir schon eine nette Trombophlebitis. Aber das kriegen wir schon wieder hin. Erwin?“

„Ja?“

„Bleiben Sie mal für ’nen Moment dran. Ich will nur mal kurz weiter oben Bescheid sagen, daß wir sofort lange Spaziergänge brauchen.“

„Was?“

„Spaziergänge. Der Pfropf muß aufgelöst werden. Das kriegen die Wadenmuskeln schon wieder hin, hoffe ich wenigstens. Die sollen gefälligst mal ein bißchen von unten nachschieben … Also, bleiben Sie dran.“

„Erwin?“

„Ja.“

„Lösen Sie Allgemeinen Alarm aus. Die Sache ist ernster, als es erst aussah. Ich habe sofort die Blutumleitung über die tieferliegende Vena femoralis angeordnet, und das geht auch klar. Aber Sie Trottel hätten mir gleich sagen müssen, daß der Trombus direkt in einen der Verbindungsgänge zur Vena femoralis hereinwächst.“

„Das kann ich von hier aus doch überhaupt nicht sehen!“

„Keine Ausreden, Mann. Jetzt haben wir jedenfalls die tolle Chance, daß auch noch die tiefe Oberschenkelvene verstopft – oder Schlimmeres passiert.“

„Noch Schlimmeres?“

„Der Trombus droht sich zu lösen.“

„Ja …?“

„Sie sind wohl nie über Ihr Knie hinausgekommen, was?“

„Ich bin hier schon überm Knie, wenn Sie gestatten!“

„Aber daß ein losgelöster Blutpfropf bis zum Herz hochgezogen und von dort in die Lunge gelangen kann, ist Ihnen wohl völlig neu, Sie Nachtwächter?“

„Lunge? In unseren Vorschriften steht nun wirklich nichts von Lunge. Was geht mich Eure Lunge an. Die Lunge ist weit … und ich kriege meine Anweisungen …“

„Na klar, daß Dich die Lunge nicht kümmert, hätte ich mir denken können. Erwin, Menschenskind, schon mal was von einer Lungenembolie gehört? Keine Luft mehr, und zwar für den ganzen Körper. Da bist Du in Deinem Knie plötzlich reichlich uninteressant.“

„Ich glaube nicht, daß das Ihnen das Recht gibt, mich einfach zu duzen!“

„Erwin, ich gebe es auf! Passen Sie wenigstens jetzt mal richtig auf. Ich schicke in Kürze ein paar Medikamente runter, um den Pfropf aufzulösen, klar? Sie sorgen dafür, daß die auch an die richtige Stelle gelangen. Das wenigstens werden Sie doch können.“

„Hier unten kenne ich mich aus, wie in …“

„Schon gut, Erwin, schon gut.“ – – –

„Erwin“.

„Hier!“

„Zu Ihrer Information: der oberflächliche Trombus wird operativ entfernt. Ist zwar eher eine Schönheitsoperation, aber wir können’s der Frau nicht ausreden. Dafür haben wir wenigstens erreicht, daß sie ihre Beine öfter bewegt, und ich denke, wir kriegen auch den Trombus in der tiefen Oberschenkelvene in den Griff. Aber bleiben Sie dran und achten Sie auf alles, was nicht nach Abbau, sondern nach Ablösung aussieht. Und – Erwin …“

„Ja.“

„Ich verlasse mich auf Sie …“

„Es ist mir eine Ehre, wirklich, ich dachte …“

„Ich verlasse mich darauf, daß Sie in Zukunft erst dann Alarm brüllen, wenn auch wirklich was los ist, und nicht schon bei jeder simplen Krampfader. Oder ich sorge dafür, daß Sie einen neuen Job kriegen und in einen Körperteil versetzt werden, der Ihnen Ihr Knie wie das Paradies erscheinen läßt.“

„Ich befinde mich immer noch über …“

„Erwin, was halten Sie von der Abwässerkontrolle?“

„O, ich sage schon nichts mehr. Ich werde mich bemühen …“

„Hoffen wir’s. Ende.“

5. Die Muskel-Story

Verhängnisvolle Folgen der Liebe
Selbstüberschätzung rächt sich immer – aber ausgerechnet am ...?
Am Tage danach schlug der Muskel unbarmherzig zurück

„Ich möchte wirklich wissen, was mich die ganze Sache angeht!“

„Dumme Frage, Du hängst eben mit drin.“

„Nicht drin, sondern dran, wenn ich Dich an die nackten Tatsachen erinnern darf. Außerdem war das keine Frage, und Deine Antwort kannst Du Dir ...“

„Danke, ich weiß schon, wohin.“

„Aber ein sch ...“

„Sprich bloß das Wort nicht aus! Du könntest das Schicksal herausfordern.“

„Woher willst Du wissen, was ich sagen wollte?“

„Ich kenne Dich doch. Du warst schon immer etwas ordinär.“

„Du hast überhaupt kein Recht, wieder auf mir herumzuhacken! Immer machst Du das. Mein Gott, was habe ich Dir denn getan? Ich wollte wirklich, das Schicksal würde uns eines Tages endgültig von Deiner ständigen Gegenwart befreien!“

Dem werten Leser wurden die beiden Streithähne noch nicht vorgestellt, und wir blenden uns kurz aus dem Dialog aus, um dies nachzuholen. Da die Geschichte jedoch gleich eine interessante Wendung nehmen wird, werden wir dies in aller gebotenen Kürze erledigen. Wir waren soeben Zeugen eines jener häufigen, ja man könnte sagen alltäglichen Disputes zwischen zwei recht verwandten Seelen. Sie ähneln einander sogar auf außergewöhnliche Weise: eine ist das Spiegelbild des anderen. Vielleicht trägt die Tatsache ihrer wortwörtlich spiegelbildlichen Existenz auch dazu bei, daß sie sich gegenseitig ständig widersprechen. Nun denn, es handelt sich um zwei recht wichtige Muskeln des menschlichen Körpers, nämlich um den linken und den rechten muskulus gluteus. Ihr gebräuchlichster volkstümlicher Name sei hier verschwiegen – die Tatsache, daß sie für den Menschen im wesentlichen als unentbehrlicher Kontakt zu einem Stuhlsitz Bedeutung haben, sollte jedoch hinlänglichen Aufschluß über den Ort geben, an dem obiges Gespräch stattfindet, in das wir uns hiermit wieder einblenden.

„Jetzt will der Kerl sogar noch zu rennen anfangen. Weiß der Mann denn nicht, wie das scheuert? Mach Dich fertig“

„Ich habe eine verläßliche Information, daß er einer jungen Dame imponieren will, die vor ihm durch den Park rennt."

„Hast Du einen heißen Draht zu den Augen?"

„Nein, zum Selbstbewußtsein. Und das schwillt momentan mächtig an."

„Was will der von einer jungen Dame?"

„Keine Ahnung. Zunächst einmal will er sie wohl nur einholen. Die Frau rennt hier zweimal die Woche lang, habe ich mitbekommen. Sport sollen die Menschen das nennen."

„Aber unser Mensch ist doch gar kein Sportler. Wie will er da mithalten?"

„Keine Ahnung. Paß auf, es geht los."

„Soll er doch rennen. Was haben wir damit zu tun. Warum soll ich mich da auch noch bewegen?"

„Ist halt Schicksal. Ich schalte jetzt um auf verstärkte Energieproduktion in meinen Zellen."

„Mir bleibt auch nichts erspart. Mitgehangen, mitgegangen."

„Oder so."

„Der legt ein Tempo vor! Ich mache schon Energie aus allen Quellen frei. Wie sieht's bei Dir aus?"

„Wie soll's bei mir schon aussehen? Genauso! Mein Vorrat an Adenintriphosphat ist gleich erschöpft, beim Kreatinphosphat sieht's nicht besser aus, und Glykogen hatte ich ohnehin nicht viel vor Ort. Es wird Zeit, daß Nachschub kommt."

„Richtig, ich habe schon mal eine Bestellung beim Blut aufgegeben, daß die uns mehr Rohstoffe runterschicken. Aber das hat alle Hände voll zu tun.

Aus allen Ecken kommen dringliche Anforderungen. Und natürlich werden die Wadenmuskeln mal wieder bevorzugt!"

„Wir laufen schon fast 15 Sekunden."

„Aber nur gezwungenermaßen! Wenn es nach mir ginge, reicht es jetzt."

„Was soll das Herz erst sagen? Ich höre gerade, es schlägt schon einen irren Wirbel. Der Mann ist doch seit Jahren nicht mehr so gelaufen! Soll er die Frau doch allein laufen lassen. Ich ahne schon, wenn er sie erst mal gekriegt hat, gibt's erst recht keine Ruhe."

„Ich möchte auch wissen, wo er die Kondition hernimmt. Bei mir jedenfalls ist gleich Schluß mit den Vorräten in den Zellen.. Dann muß ich auf Glukoseverwertung umschalten. Aber dazu brauchte ich dringend Sauerstoff!" Und noch ist keine Lieferung in Sicht.

„Mir stinkt es mittlerweile auch. Was denkt der sich eigentlich? Wir sollten ihn bremsen!"

„Wir? Überschätzt Du unseren Einfluß da nicht etwas?"

„Ich hab' die Idee! Ich baue einfach aus dem Glykogen jede Menge Milchsäure zusammen. Das beruhigt auf die Dauer jeden Muskel. Da kann er dann mit dem Kopf weiterrennen – mit uns jedenfalls nicht mehr!"

„Gute Idee. Und vielleicht können wir ihm dadurch auch noch gleich einen fetten Denkzettel verpassen, damit er's sich das nächste Mal verkneift, uns so in Trab zu bringen!"

„Guuut! Milchsäure aus allen Rohren. Aber beeil' Dich, die Energielieferanten in unseren Muskelzellen sind gleich am Ende, dann schalten die Brüder automatisch auf die Verbrennung von Glukose um, und dann ist's aus mit der schönen Milchsäure."

„Keine Sorge. Soviel Glukose kann der gar nicht in seine Muskeln schicken! Ich bekomme gerade die Information, da er schon lange nichts Richtiges mehr gegessen hat. Liebeskummer, heißt es. Wie auch immer, jetzt hat er den Schaden. Zuwenig Kohlenhydrate, kaum Eiweiße, allein Fettreserven sind noch ausreichend da. Aber bis davon was hier unten als Energie landet, ist der Mann Großvater."

„Außerdem braucht er auch noch Sauerstoff, wenn er Glukose verbrennen will. Bei seiner Kurzatmigkeit hält er das nicht lange durch. Glaub mir, bald hat unsre Qual ein Ende."

Unser Muskel hatte im Prinzip zwar recht, doch griff eine höhere Macht in Form einer Bananenschale in das Geschehen ein, bevor jener untrainierte junge Mann jener trainierten jungen Dame nur noch keuchend hinterherschauen könnte. Der Besitzer unserer beiden rachsüchtigen Sitzmuskel rutschte auf der erwähnten Schale aus und produzierte beim Fallen hinreichend Geräusche („Aua!!!"), um das Interesse seiner Angebeteten zu erwecken.

Wie die auf diese Art gewonnene Bekanntschaft weiter verlief, soll uns hier aus Gründen der Diskretion nicht weiter interessieren, doch ist es wohl in diesem Fall erlaubt mitzuteilen, daß das recht boshafte Milchsäureattentat unserem jungen Mann in den folgenden zwei Tagen nicht unwesentliche Schwierigkeiten bereitete, seiner sitzenden Bürotätigkeit (worin die Ursache seines mangelnden Trainings zu suchen ist) nachzukommen. Auch der so geliebte Schlaf auf dem Rücken war schlechterdings für ihn zu einer schmerzhaften Angelegenheit geworden.

Nicht unerwähnt sei jedoch gelassen, daß er jene Schmerzen an einer Körperstelle, an der er sie zuallerletzt erwartet hätte, mannhaft ertrug und sie der beginnenden Romanze keine Steine in den Weg legten.

Es wäre schließlich auch zu dumm, sollte eine Liebe an einem Muskelkater am Hintern scheitern, nicht wahr.

6. Die Virus-Story

Heimtückisches Attentat der Unsichtbaren
Kommandounternehmen in der Höhle des Löwen
Sie kamen zu Hunderttausenden – und waren doch ohne Chance

Meine Ausrüstung war komplett, meine Ausbildung perfekt. Als Virus war ich schon einer der besten, scharf auf meinen Gegner und mit der gehörigen Wut im Bauch, die einen erst so richtig aufmöbelt. Es konnte losgehen. Endlich.

Ich sah mich um. Meine Einheit befand sich in einem Zustand nervöser Spannung. Der große Einsatz stand bevor und der Angriffsbefehl war bereits ausgegeben. In einem nie dagewesenen Stoßtruppunternehmen sollte meine Viren-Division tief in feindlichen Raum vordringen, Brückenköpfe in den gegnerischen oberen Luftwegen bilden und ihn, bei einigem Glück, völlig außer Gefecht setzen.

Kein Problem für mich und meine Jungs.

Wir lagerten im linken Nasenflügel und nutzen die kurze Pause bis zum Kampfeinsatz, um die letzten Dinge zu ordnen. Na ja, weiß man denn, was einem so alles zustoßen kann?

Aber dann geschah alles so plötzlich, daß ich sogar den rechten Absprung verpaßte. Völlig unangemeldet schleuderte ein orkanartiges Niesen mich und alle anderen heraus ans Freie.

Sofort wurde ich von hellem Licht geblendet. Darauf war ich vorbereitet. Niemand allerdings hatte mir vorher gesagt, daß diese Luft da draußen voller herabdonnernder riesiger Wassermassen sein würde. Groß wie Eisberge und nach oben in einer albernen Spitze auslaufend fielen da ganze Meere auf einmal vom Himmel und rissen Tausende meiner Kameraden mit sich nach unten, in den sicheren Tod.

Mühsam konnte ich mich orientieren und entdeckte vor mir den Feind. Die goldene Regel „Geduld ist die erste Viren-Pflicht. Warte ab, bis der Feind in Atemnähe kommt. Der Rest passiert von ganz allein." bewährte sich allerdings glänzend. In einem wahnwitzigen Tempo rauschte eine fremde Nase heran, die ich sofort als lohnendes Ziel ausmachte. Die ganze Zeit hatte ich mich an ein winziges Tröpfchen aus der Nase meines Wirtes geklammert, und es war mir tatsächlich gelungen, nicht von einem der herabregnenden riesigen Wasserklumpen erschlagen zu werden. Nun erfaßte mich tatsächlich auch eine saugende Luftströmung, und ehe ich mich's versah, wurde ich in eine anheimelnd dunkle Nasenöffnung hineingesogen.

Wieder die linke! triumphierte ich und nahm es als gutes Omen.

In Nasen kannte ich mich aus. Ein heimatliches Gefühl beschlich mich, während ich mich zu orientieren versuchte. Aber auf Anhieb nahm ich um mich nur etliche Hundert Männer meiner Einheit wahr, die wild und ungeordnet durcheinander kullerten.

Halte dich um Himmelswillen von den Wänden fern! schoß es mir durch den Kopf. Bei dem Chaos der Wirbelwinde, die sich im Nasenraum überall bildeten, war das nicht leicht.

Auch hörte ich schon die Todesschreie der ersten Kameraden, die genau dies nicht geschafft hatten und Opfer der in den Schleimhäuten auf Lauer liegenden Antikörper wurden.

Ekelhaft, diese zähe Ausscheidung, die sich nur scheinbar so gut als Deckung für unsereinen eignete. Tatsächlich aber starb schon so mancher junger hoffnungsvolle Virus an diesem Sekret, ohne auch nur eine Zelle von weitem gesehen zu haben!

Überhaupt, diese Antikörper. Bei dem Gedanken daran, krampfte sich in mir alles zusammen. Da kam schließlich noch was auf mich zu.

Doch bis jetzt ist ja alles glatt gegangen, sagte ich mir und hoffte darauf, daß der Sturm, der mich hierher befördert hatte, noch nicht so bald abflauen würde. Schließlich mußte ich noch ein ganzes Stück vorankommen. Ursprünglich hatte meine Kompanie den Befehl gehabt, möglichst weit in Richtung Bronchien vorzudringen, aber das war mal wieder so eine Schnapsidee, die sich die Lackaffen an der Generalstabskarte ausgedacht hatten. Typisch, diese Generäle, nie ein feindliches Nasenloch gesehen, aber die tollsten Pläne aushecken! Unsere Kompanie war ohnehin schon arg dezimiert und mit Kameraden anderer Einheiten vermischt. Vom Kompaniechef hatte ich ohnehin seit unserem überstürzten Katapultstart nichts gesehen und gehört.

Also gut, dachte ich, wirst du dich eben allein durchschlagen so weit es geht.

Mit Mühe erkannte ich jetzt, daß ich bereits in den hinteren Rachenraum mitgerissen worden war, die ersten Hürden also bereits genommen hatte.

Doch zum Aufatmen blieb keine Zeit, denn der Luftstrom, auf dem ich mittlerweile recht zuversichtlich dahinglitt, wurde schwächer und schwächer. Aber ich mußte die Luftröhre erreichen, koste es was es wolle. Denn sollte ich es nicht schaffen, würde ich womöglich noch in die Speiseröhre abrutschen. Ein ziemlich ekelhafter Säuretod!

Es klappte dann aber doch noch um Haaresbreite, in meinen Maßstäben also recht gut. Ich erwischte den richtigen Tunnel gerade, als jeder Wind, der mich transportieren konnte, sich legte.

Jetzt hieß es, Tempo vorzulegen, um nicht in Kürze wieder durch Mund oder Nase des Gegners hinausgeblasen zu werden. So kurz vor dem Ziel wäre das doch eine herbe Enttäuschung. Unter mir gewahrte ich Dinge, die mir aus dem taktischen

Anatomie-Kurs in bester Erinnerung waren. Gigantische und sich ständig bewegende Zellfortsätze versuchten, Fremdkörper jeder Art wieder gen Ausgang zu wedeln. Asteroidengroße Staubbrocken, die bis hierher mitgerissen worden waren, hatten dagegen keine Chance und wurden abtransportiert. Mir dagegen gelang es dagegen geradezu lächerlich einfach, diesem Geflimmer auszuweichen. Man soll die Kleinen nämlich nicht unterschätzen! Alles um mich herum war, gemessen an mir, um mehrere Potenzen größer, und doch war ich der weit gefährlichere Gegner. Hoffentlich blieb ich weiterhin unentdeckt!

Kurz entschlossen sprang ich von meinem Transporttropfen ab und steuerte im Gleitflug eine besonders dicke Epithelzelle an.

Die oder keine, sagte ich mir und klatschte auf ihrer Membran auf.

Nichts regte sich. Natürlich, dachte ich, sie hat noch nicht einmal meinen Aufprall bemerkt, dafür ist sie viel zu groß.

Wie falsch das war, wurde mir leider nur zu bald bewußt. Kaum hatte ich mich aufgerappelt, um einen günstigen Eingang in die Zelle zu suchen, da wölbte sich die Oberfläche des ganzen Zellgiganten über mir zusammen, schloß sich, während sich die Stelle der Oberfläche, auf der ich in Stellung gegangen war, tief nach innen stülpte.

Ich war gefangen! Diese heimtückische Zelle hatte mich in ihr Inneres befördert, einfach eingeschlossen. Das war mir denn doch nicht geheuer.

Nichts anderes wollte ich ja. Doch auf diese Weise? Wer war denn hier der Angreifer?!

Sicher hatte ich keine Zeit zu verlieren. Ich machte meine Waffen klar, gewahrte aber noch, daß ich beileibe nicht der einzige unserer Einheit war, den diese Zelle derart übertölpelt hatte. Nun gut, wir würden es diesem Ei schon zeigen!

Kaum war ich in Verteidigungsstellung gegangen, erschienen wie aus dem Nichts seltsame formlose Gebilde, irgendwelche Hormone, dem Anschein nach, die scheinbar ziellos in der trüben Zellbrühe herumtrieben, mich aber doch rasch entdeckt hatten und auf mich zusteuerten.

Meine Vermutung, der Kampf werde gleich losgehen, schien sich jedoch nicht zu bestätigen, denn diese Dinger sahen nun wirklich außerordentlich harmlos aus. Mehr und mehr tauchten auf, gruppierten sich rings um mich und taten ansonsten nichts. Also bereitete ich mich darauf vor, der Zelle ans Leder zu gehen. Sollte es mir erst einmal gelingen, den Stoffwechsel der Zelle zu sabotieren, würde diese sofort mit der Produktion neuer Viren beginnen – und mein Einsatzauftrag wäre glänzend erfüllt.

Die Sache ist an sich recht einfach, denn Zellen sind ziemlich dumme Viecher. Sie sind so dämlich, daß ihre Enzyme ohne weiteres nach dem Rezept meiner Erbinformation ihre eigenen Feinde produzieren. Dazu allerdings mußte ich an den Kern der Zelle herankommen.

Langsam machten mich diese um mich herumlungernden Hormon-Dinger denn doch nervös, denn sie versperrten mir jede Sicht. Andererseits aber hoffte ich, daß auch ich auf diese Art ungesehen bliebe vor irgendwelchen Verteidigern der Zelle. Ich sah überhaupt nicht mehr durch. Waren das denn etwa diese Kinine? Dann allerdings hatte ich die Gefahr für mich bei weitem unterschätzt …

Richtig, da stürmten wie aus heiterem Himmel plötzlich die gefürchteten Antikörper durch die durcheinander wirbelnden und bereitwillig Platz machenden Kinine. Schlagartig begriff ich: Erst durch sie waren die Antikörper auf mich aufmerksam geworden. Sie hatten meine Anwesenheit verraten.

Nun konnte ich mich auf was gefaßt machen. Den Kampf mit Antikörpern hatten wir lange genug geübt. Die Erfahreneren unter uns Viren allerdings hatten unter vorgehaltener Hand gesagt, gegen die helfe nur ein Massenangriff. Allein habe man da gar keine Chance.

Ich machte mich so klein als möglich und versuchte, mich irgendwo zu verstecken. Aber wo? Überall diese verdammten flockigen, so harmlos tuenden Kinine, sonst nichts. Links und rechts von mir waren die ersten meiner Kameraden in Nahkämpfe verwickelt. Da tauchte auch schon direkt vor mir so ein gräßlicher Antikörper auf, stürzte sich auf mich und versuchte, mich zu zerdrücken. Wie ein zerklüfteter, nach innen gewölbter Stempel sah er aus – und irgendwie kam mir sein Anblick bekannt vor.

An Gegenwehr war nicht zu denken, wie denn auch bei diesem Brocken. Ich glaubte schon, dies wäre das Ende, da ließ er wider von mir ab und wandte sich dem nächsten meiner Kameraden zu. Doch das war gar keiner aus meiner Einheit, sondern ein verbündeter Grippe-Virus, ein ganz harter Bursche! Noch benommen von dem aus irgendeinem unerfindlichen Grunde überstandenen Angriff sah ich plötzlich, daß die beiden da vor mir sich auf frappante Weise ähnelten. Jene Einbuchtungen und Dellen auf der Oberfläche des Antikörpers entsprachen exakt dem markanten Profil des Grippe-Virus. Deshalb war mir also an dem Antikörper etwas vertraut vorgekommen. Und mit einem einzigen Satz prallte der Antikörper auf meinen bedauernswerten Kameraden. Es gab ein schmatzendes Geräusch und aus beiden war scheinbar ein einziges Wesen geworden – so genau paßten die beiden Oberflächen ineinander! Deshalb also hatte mich der Bursche verschont; er war ausschließlich auf den Grippe-Virus aus.

Nun, der Rest ist schnell erzählt. Ich will mich gar nicht rühmen, daß ich alle Angreifer abgeschlagen hätte. Viele meiner Mitstreiter sind von den Antikörpern außer Gefecht gesetzt worden. Ich aber bin, durch welche glückliche Fügung auch immer, durchgekommen. Es ist mir gelungen, mich bis zum Zellkern vorzuarbeiten und die Zelle mit meiner Erbinformation umzupolen. Eine großartige, nie dagewesene Invasion des gesamten Feind-Körpers ging von der durch mich eroberten Zelle aus. Der

Sieg war vollständig und ruhmreich. Die betreffende Person hatte schreckliche Schmerzen zu erleiden, und dies für unendliche Zeiten: Der Schnupfen dauerte ganze sieben Tage! Ich sage doch immer, wir Schnupfen-Viren sind die härtesten!

7. Die Wurmfortsatz-Story

Muß die Idylle sterben?
Vergessen und nutzlos – doch sie halten durch!
Alles war in Ordnung – doch dann kam der Kirschkern

Ja, die alten Zeiten. Wie war es da noch gemütlich und ordentlich bei uns. Und wie abgelegen von allem Durchgangsverkehr, aller Hektik. Streß, nein Streß, den kannten wir überhaupt keinen nicht. Sie können mir glauben, hier drinnen bei uns, da konnte man leben.

Wir hatten zwar keine richtige Eigenständigkeit. Die Leute schauten meist etwas hochnäsig auf uns hier herab. Für die sind wir eben bloß ein Anhängsel am Blinddarm. Na und? Hat uns das geschadet? Wir hatten keinen Streit mit irgendwem. Auf das bißchen politische Autonomie – wie's die Studierten sagen – kann ich …, also nur Dankeschön sagen kann ich da. Rein rechtlich sind wir gleichberechtigter Bestandteil des Blinddarms, aber weil wir so am Rande von allem liegen und nie für uns was richtiges zum Tun anfällt, schaut man uns hier eben schon mal schief an. Da behaupten doch manche sogar, wir wären ganz überflüssig und man sollte uns überhaupt abschaffen. Als ob nur das da sein dürfte, was diese Herren auch verstehen und als nützlich anerkannt haben! Ha! Banausen, diese!

Sehen Sie, ich hatte es eigentlich am gemütlichsten von allen, denn ich wohnte im hintersten Ende vom Tal, da wo's nun wirklich nicht mehr weiter ging. Als eine richtig alte Zelle hat man außerdem so seine Vorteile und Privilegien. Keine Teilung mehr, wenig Stoffwechsel – und wenn, dann ganz in Ruhe, ganz in Ruhe. Hab's mir schließlich auch verdient in meinen Jahren.

Ach, und dieses Klima hier im Wurmfortsatz! Schön warm, nicht zu feucht, nicht zu trocken. Alles um mich rum in herrlich blaß rosa Licht getaucht. Ich sage Ihnen, da kann man schon ins Schwärmen kommen!

Das soll ja nun alles vorbei sein, meinen die Obergescheiten. Aber ich glaub's nicht, ich glaub's einfach nicht. Ein wahres Paradies ist's hier, und das soll's nun plötzlich nicht mehr geben? Bloß wegen dem vermaledeiten Kirschkern? Nie, sag ich, nie!

Ah, ich seh' schon, Sie kriegen die Geschichte nicht mehr in die Reihe? Sie wissen am Ende gar nichts von unsrem Unglück hier? Ich sag's ja, wir liegen weit vom Schuß, und bis die Nachrichten aus unserer Idylle bis in die Welt raus kommen, dauert es halt so seine Zeit.

Na gut, dann will ich Ihnen die Sache mal erzählen, so wie sich alles zugetragen hat. Sie können ja selber sehen, ob es nicht wahrhaftig ein großes Unglück für uns hier ist.

Sicher, Sie kennen die Welt und haben viel Unglück schon gesehen in Ihrem Leben. da kann Sie so leicht nichts erschüttern. Versteh' ich, versteh' ich. Aber auch bei uns passieren hin und wieder so Dinge, die haben's in sich.

Also, wie war das doch gleich … Ja, eigentlich wußte am Anfang niemand so recht, wie und warum das Ding da war. Ganz plötzlich jedenfalls, aus heiterem rosa Himmel sozusagen, da rutschte ein Riesending von Kirschkern direkt zu uns rein. Dachte gar nicht, daß es so was Großes überhaupt geben könnte.

Immerhin haben wir an der dicksten Stelle an die fünf Millimeter Innendurchmesser. Fünf Millimeter! Da staunen Sie, was? Aber, was soll ich Ihnen sagen, dieser Kirschkern knallte mit einem Mal direkt von oben bei uns rein und verstopfte alles. Paßte gerade so hier rein, saß fest und rückte und rührte sich kein Stück mehr.

Ba, am Anfang dachte ich, was soll's, dachte ich. Mich stört der Kerl nicht. Ich hab hier ein ganz ruhiges Dasein. Raus muß ich in meinem Leben nicht mehr hier. Hab vom Wandern ohnehin nie viel gehalten. Was stört's mich also, dachte ich.

Mußte mich leider bald davon überzeugen lassen, daß die Geschichte mit dem Kirschkern eine ganz fatale Wirkung hatte. Nichts blieb mehr so, wie ich es kannte und wie es vorher so schön und friedlich war.

Zunächst mal wurde es etwas dunkler, aber das störte nicht weiter. dann aber änderte sich das örtliche Klima. Weiß der Teufel warum, aber plötzlich gab es mehr Bakterien. Früher kam ich mit den Burschen ganz gut aus. Wir lebten ganz friedlich miteinander. Sie kamen und verschwanden wieder. Eben unruhige Gesellen. Nun jedoch vermehrten sie sich, bis bald kein Platz da war.

Jetzt sollte man meinen, daß wenigstens die Schleimhaut ein Einsehen gehabt hätte und ihre Schleimproduktion erst mal sein gelassen hätte. Denkste! Dieses dumme Ding, das sie ja schon immer war, stopft auch noch den ganzen schönen Wurmfortsatz mit ihren Sekreten voll. Weg konnte der nun ja nicht mehr.

Als ob das alles nicht schon gereicht hätte – ungemütlich wars inzwischen geworden, das kann ich Ihnen sagen, fing der Kern auch noch an zu scheuern. Die Stellen, wo er sich zwischen den Innenwänden festgeklemmt hatte, waren ohnehin bald wundgedrückt. Dort hätte ich auch nicht Zelle sein mögen. Die Ärmsten dort hatten gar keine Chance. Platsch, und breitgequetscht waren sie!

Von außen hat natürlich auch keiner unsere Hilferufe gehört! Sie müssen wissen, der Blinddarm liegt so ungefähr an der Einmündung des Dünndarms in den Dickdarm. Kennen Sie doch, klar. Und wir wieder, also der Wurmfortsatz, hat in der Regel mit diesen ganzen Nahrungsbreitransporten herzlich wenig zu tun. Geht alles an uns vorbei wie auf einer Umgehungsstraße. Aber dieser Darm, der wackelt immer so furchtbar hin und her, rauf und runter, zieht sich und streckt sich – muß halt ganz schön ackern, um seine Fracht ans Ziel zu bringen. Die läuft schließlich nicht von alleine, sehe ich ja auch alles ein. Wir schaukeln dabei immer so ein bißchen mit, was eigentlich nicht weiter stört. Man kann auch ein nettes Nickerchen dabei machen. – Als sich aber der Kirschkern derart fest eingeklemmt hatte bei uns, da begann das an den Wänden natürlich zu scheuern. Wund war ohnehin schon die ganze Oberfläche.

Das hält das beste Material nicht aus, das dürfen Sie mir ruhig glauben.

Und bums, da hatten wir den Salat. Entzündung!

Na, ich weiß nicht, ob Sie so was schon mal mitgemacht haben. Der Gestank – puh! Nein, also wirklich. Nichts für mich. Das faulte und gärte so vor sich hin, da es eine wahre Pracht war. Jedenfalls waren die Bakterien der Meinung. Klar, denen ging es prächtig, und sie fühlten sich so richtig in ihrem Element. Eine Schande, sage ich Ihnen. Vorher konnte man mit den Brüdern ganz in Frieden leben. Wer hätte geahnt, daß die Biester so aggressiv werden können, kaum, daß sie ein paar mehr geworden sind.

Tja, mit den schönen rosa Sonnenuntergängen war's auch bald vorbei. Zuerst sah alles noch ganz interessant aus. Alles knallrot. Dann ging das so langsam ins Grüne und wurde an einigen Stellen sogar langsam bedrohlich schwarz. Igitt! Wer soll sich da noch wohlfühlen.

Ich hatte ja noch einiges Glück, denn, wie gesagt, ich stecke in der hintersten Ecke. Aber ich bekam doch noch genug mit von allem. Aber auch mir gingen diese schleimigen Beläge dann langsam auf die Nerven.

Auch daß wir plötzlich wieder etwas mehr Platz bekamen, war mir nicht recht geheuer. Und richtig! Der ganze Wurmfortsatz hat sich aufgebläht, habe ich gehört. Ist dick und dicker geworden.

Und dann war die ganze Entzündung nicht mehr zu stoppen. Langsam war die ganze Innenwand angeknabbert, Loch an Loch sozusagen. Ich hab schon überlegt, was passiert, wenn die Eiterung sich ganz durch die Wand durchgefressen hat. Ob das vielleicht unseren Fremdenverkehr ankurbeln könnte. Schließlich hätten wir dann ja einen direkten Zugang zur ganzen Bauchhöhle. Aber ich hab dann gehört, das sei gar nicht so gut, wenn die Entzündung hier raus käme. Ziemlich gefährlich sollte ein solcher Durchbruch sogar sein. Klar, diese gefräßigen Eiter- und Fäulnisbakterien waren ja nicht zu stoppen in ihrer Gier.

Dann aber hat man draußen unsere Hilferufe doch gehört. Kein Wunder, bei den Löchern in der Wand hier unten. Als Magenschmerz getarnt ist das Signal nach ganz oben gelangt. Und dann plötzlich waren wir im Mittelpunkt des ganzen Körpers. Alles drehte sich nur noch um uns hier. Ich wußte es immer, daß wir eine ziemlich wichtige Sache sind. Wenn mir auch nie so ganz klar war, warum.

Bloß die Umstände, unter denen wir endlich

angemessen bekannt wurden im Körper, waren dann doch nicht so sehr rühmlich.

Aber egal, berühmt ist berühmt. Auch Negativwerbung macht schließlich auf einen aufmerksam.

Ich denke, bald wird uns irgendwer endlich diesen vermaledeiten Kirschkern vom Halse schaffen. Dann kriegen wir unsere alte Idylle zurück Ich kann dann jeden Abend beim Dämmerschoppen mit meinen Nachbarn dasitzen, an das durchgestandene Abenteuer denken und nett plaudern. Da hätten wir doch endlich mal was richtiges zum Erzählen. Und den jungen unerfahrenen Zellen würde klar einleuchten, daß wir einiges durchgemacht haben.

Nun beunruhigt mich da noch ein Gerücht, daß in letzter Zeit aufgetaucht ist – wieder von so einigen Neunmalgescheiten in die Welt gesetzt, natürlich. Danach sollen nicht etwa wir vom Kirschkern befreit werden, sondern der ganze Blinddarm von uns, dem Wurmfortsatz. Na, das klingt mir aber nun doch zu dumm! Wozu halten wir hier mühsam die Stellung. Uns will man einfach wegwerfen. Kann ich nicht glauben. Wo wir doch immerhin gerade zum wichtigsten Körperteil aufgerückt sind. Nein, auf uns kann man überhaupt nicht verzichten. Ohne uns passier…

Minna Canth

Ausgewählte Werke

HERAUSGEGEBEN VON NADINE ERLER

Band 1: Anna Liisa
Band 2: Arme Leute
Band 3: Die Familie des Pfarrers
Band 4: Die Frau des Arbeiters
Band 5: Hanna
Band 6: Sylvi
Band 7: Unglückskinder
Band 8: Agnes

im

VERLAG 28 EICHEN
BARNSTORF
D-49406 Barnstorf, Dreeke 80
www.verlag28eichen.de

Sir Arthur Conan Doyle

Ausgewählte Werke

HERAUSGEGEBEN VON OLAF R. SPITTEL

Band 1: Das Geheimnis von Cloomber
Band 2: Ein gefährlicher Ausflug
Band 3: Im Giftstrom
Band 4: Die Abenteuer des Louis de Laval
Band 5: Mammon & Co.
Band 6: Die verlorene Welt
Band 7: Der Parasit
Band 8: Geschichten am Kamin
Band 9: Die Abenteuer des Brigadier Gérard, 1
Band 10: Die Abenteuer des Brigadier Gérard, 2
Band 11: Die grüne Flagge
Band 12: Mein Freund der Mörder
Band 13: Die Réfugiés
Band 14: Die Abenteuer des Micha Clarke
Band 15: Ein Duett
Band 16: Lady Sannox
Band 17: Sherlock Holmes 1 - Späte Rache
Band 18: Sherlock Holmes 2 - Das Zeichen der Vier
Band 19: Sherlock Holmes 3 - Die Abenteuer
Band 20: Sherlock Holmes 4 - Die Erinnerungen
Band 21: Sherlock Holmes 5 - Der Baskerville-Hund
Band 22: Sherlock Holmes 6 - Die Auferstehung
Band 23: Sherlock Holmes 7 - Das Tal der Angst
Band 24: Sherlock Holmes 8 - Die Zugabe
Band 25: Sherlock Holmes 9 - Das Archiv
Band 26: Der Krieg in Südafrika
Band 27: Das Congoverbrechen
Band 28: Der Tauchbootkrieg
Band 29: Lord Barrymore

im
VERLAG 28 EICHEN
BARNSTORF
D-49406 Barnstorf, Dreeke 80
www.verlag28eichen.de